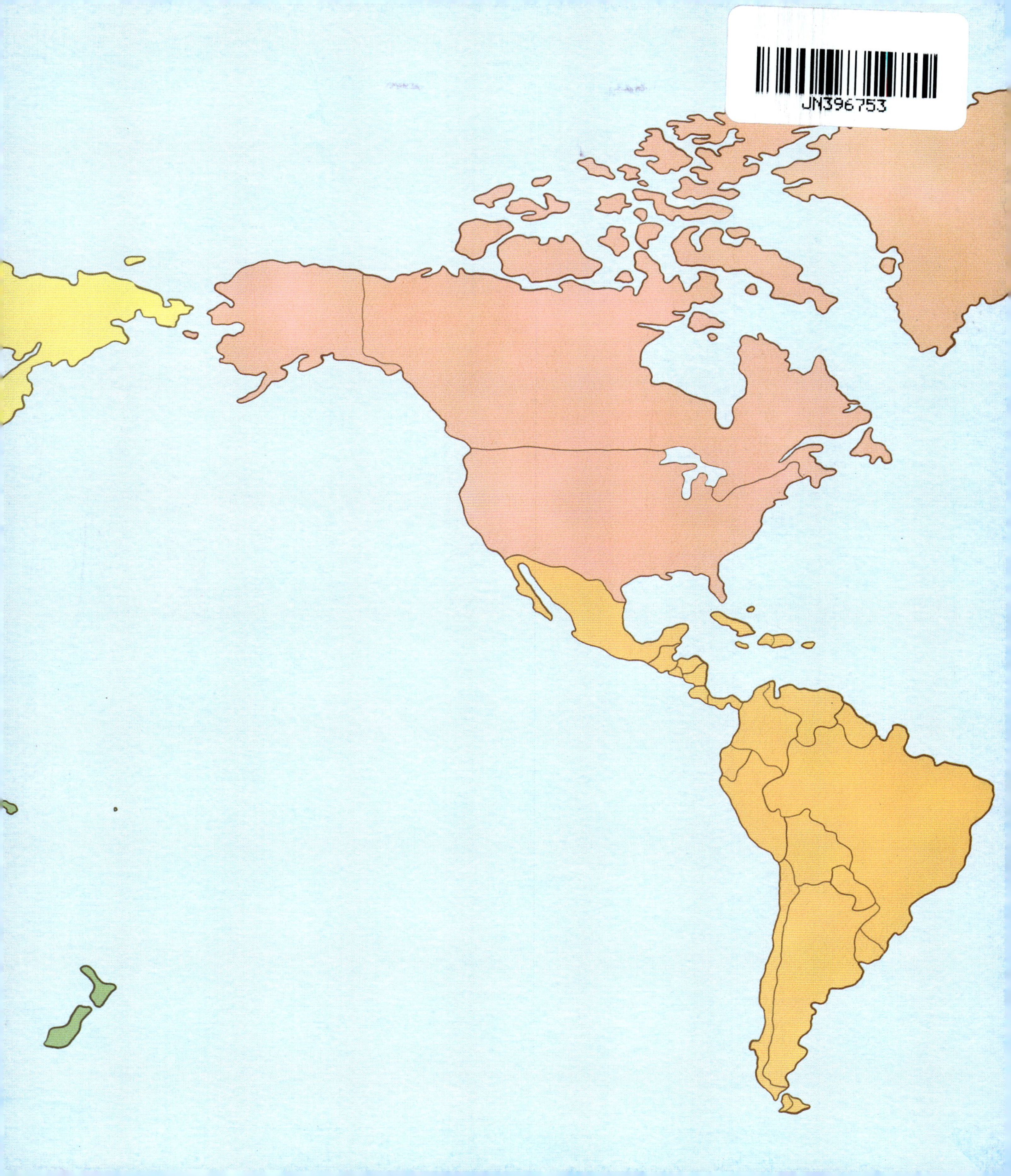

글 | 전현정
이화여자대학교에서 행정학을 공부했습니다.
오랫동안 아이들에게 사회와 역사 과목을 가르치면서
교과서에 담긴 세상을 풀이해 주는 일을 했습니다.
지금은 어린이들이 쉽고 재미있게 읽을 수 있는
지식 정보책을 만드는 일을 하고 있습니다.
쓴 책으로는 〈우리 땅 구석구석〉, 〈법이 생긴 원숭이 마을〉,
〈불교 문화를 활짝 꽃피운 신라〉 등이 있습니다.

그림 | 임양
추계예술대학교에서 동양화를 공부했습니다.
그린 책으로는 〈금희의 여행〉, 〈안도현 시인이 들려주는 불교 동화 시리즈〉,
〈최인호의 어린이 유림-맹자〉 등이 있습니다.

누리 세계문화 01 중국 황제를 만난 타오

글 전현정 | 그림 임양 | 펴낸이 김의진 | 기획편집총괄 박서영 | 편집 정재은 이영민 김한상 | 글 다듬기 박미향 | 디자인 수박나무
제작·영업 도서출판 누리 | 펴낸곳 Yisubook | 주소 경기도 고양시 일산동구 일산로67, 3층 | 고객상담실 080-890-7000

황제를 만난 타오

글 전현정 그림 임양

"할머니, 저 왔어요!"

"우리 타오 왔구나! 먼 길 오느라 힘들었지?"

타오네 가족이 시골에 있는 할머니 댁에 놀러 왔어요.

내일은 새해가 시작되는 춘절이거든요.

해마다 춘절이 되면 중국 사람들은 고향을 찾는답니다.

타오는 춘절에 할머니 댁에 오는 게 정말 좋아요.
할머니가 만든 맛있는 만두를 잔뜩 먹을 수 있거든요.
"할머니, 저도 만들어 볼래요!"
"그래그래, 손바닥에 만두피를 올리고 속을 꽉 채우는 거야."
타오가 주물럭주물럭 만두를 빚어요.
타오의 만두가 제일 크네요.

잠자리에 들 시간이에요.
할머니 방에는 아주 오래된 그림이 걸려 있어요.
“할머니, 이게 누구예요?”
“응, 이분은 먼 옛날 중국을 다스렸던 황제란다.”
“황제라고요? 우아, 나도 나라를 다스리는 게 꿈인데…!”
“그래, 우리 타오도 황제처럼 훌륭한 사람이 되어야지.”

"타오야, 타오야!"

깊은 밤, 타오를 부르는 소리가 들려요.

눈을 뜬 타오는 깜짝 놀랐답니다.

그림 속에 있던 황제가 용을 타고 나타난 거예요!

"나라를 다스리고 싶다고? 그럼 나를 따라오려무나."

타오는 어리둥절한 채 용 위에 올랐어요.

그리고 밤하늘을 날았지요.

어느덧 어둠이 걷히고 눈앞에 커다란 궁궐이 나타났어요.

"여기는 자금성이란다. 황제가 살았던 궁궐이지."

"자금성요? 와, 엄청 크다!"

하늘에서 본 자금성은 으리으리한 건물들이
가득한 궁궐이었어요.

지붕은 모두 황금빛으로 빛나고 있었지요.

황제와 타오는 커다란 건물 안으로 들어섰어요.

이곳은 황제가 일하던 곳인데,

'正大光明(정대광명)'이라는 글자가 적혀 있었어요.

"늘 정직하고 바르게 행동하라는 뜻이란다."

"타오도 거짓말 안 해요! 진짜예요!"

"그래? 훌륭하구나.

나라를 다스리려면 마음이 반듯해야 하지."

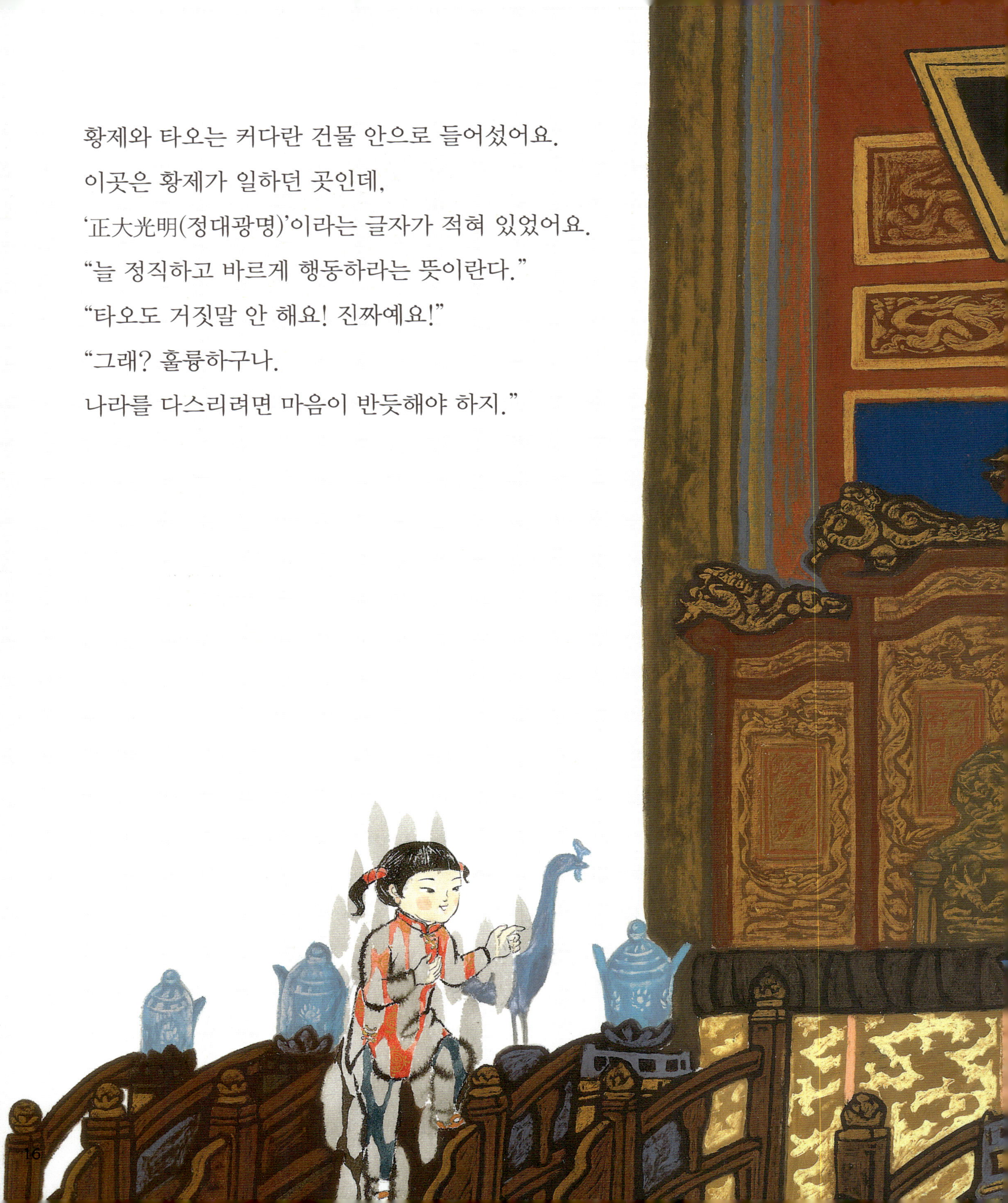

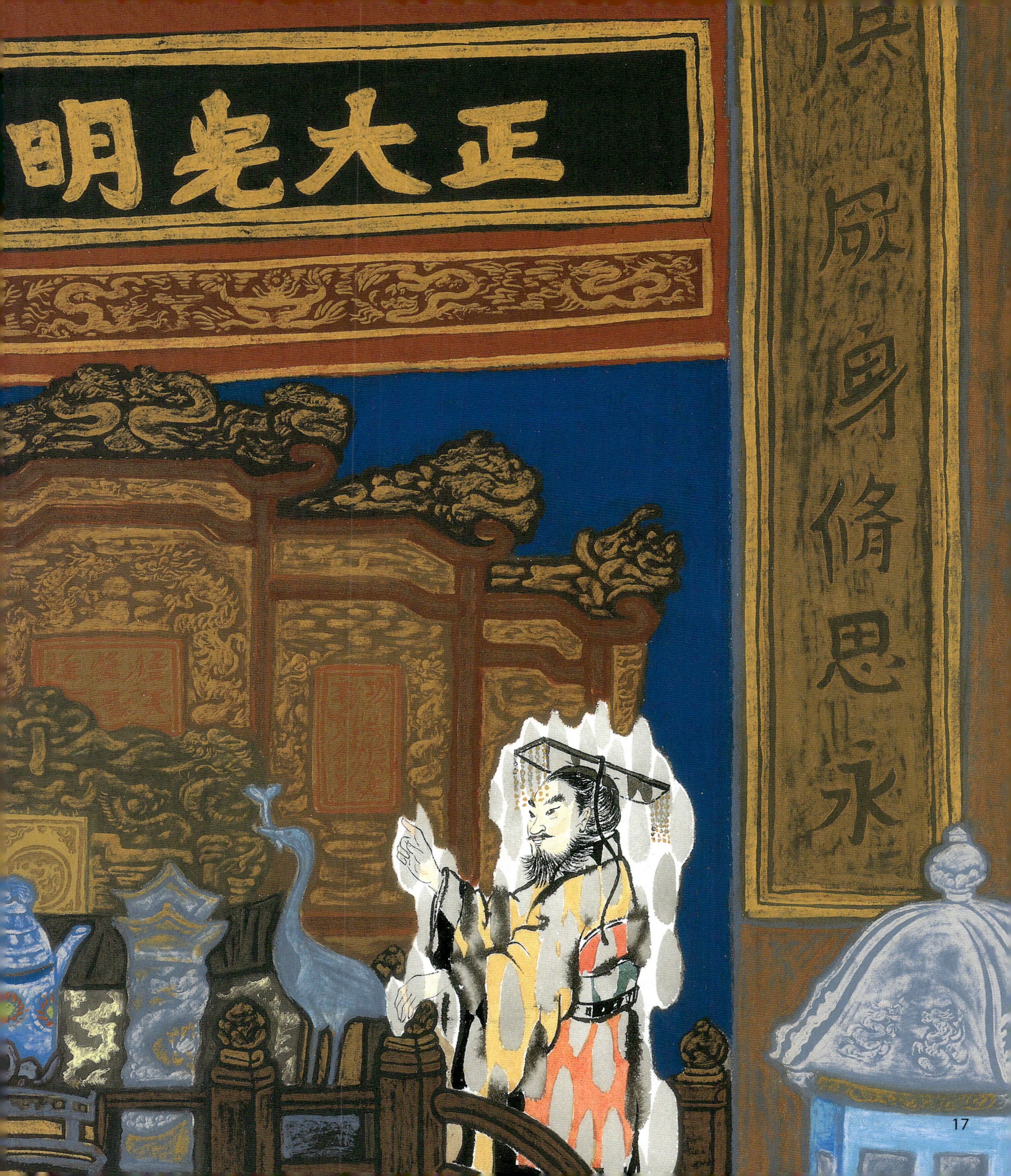
正大光明

두 번째 들른 곳은 오래된 책이 가득한 곳이었어요.

“중국 사람들은 먼 옛날에 *한자를 발명했단다.

덕분에 한자로 책을 쓸 수 있었지.”

“황제가 되려면 책을 많이 읽어야 해요?”

“그럼, 책 속에 담긴 지혜를 배워야 하니까. 타오는 책 많이 읽니?”

“아니요. 으, 역시 나라를 다스리는 건 쉽지 않네요.”

타오와 황제는 다시 용을 타고 구름 위를 날았어요.
한참을 가자 무술을 하는 사람들이 보이네요.
“우아, 태극권이네! 저도 아침마다 태극권을 해요!”
“중국은 다양한 무술이 발달한 나라란다.
나라를 다스리려면 무술로 몸과 마음을 닦아야 하지.”
“헤헤, 그건 자신 있다고요!”
타오는 신이 나서 태극권을 선보였답니다.

이번에 들른 곳은 세계에서 가장 긴 산성, 만리장성이에요.

“우아, 끝이 보이지 않아요! 그런데 이건 왜 쌓은 거죠?”

“중국은 늘 주변 나라들의 침략에 시달렸단다.

그래서 거대한 산성을 쌓아 나라를 지키려 했던 거지.”

“흠, 나라를 다스리려면 나라를 지키는 방법도 생각해야겠네요.”

마지막으로 들른 곳은 경극을 공연하는 곳이에요.
화려한 옷을 입은 배우들이 춤을 추고 노래를 해요.
“경극은 중국의 옛이야기를 담고 있단다.
황제에 얽힌 이야기도 많이 알 수 있지.”
“와, 그럼 앞으로 경극을 열심히 봐야겠어요!”

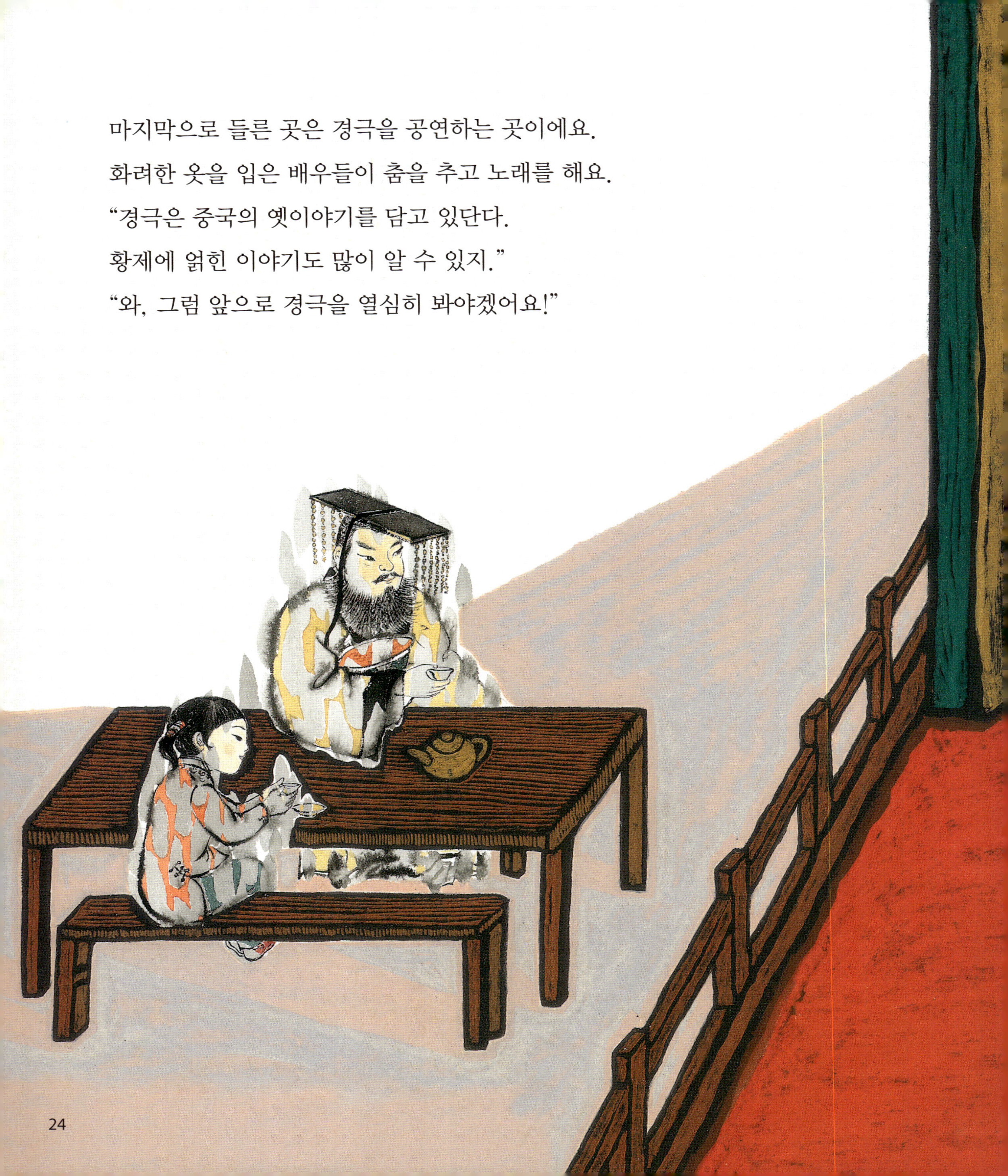

여행을 마친 타오와 황제는 할머니 댁으로 돌아왔어요.
"휴, 황제가 되려면 해야 할 일이 정말 많네요."
"그래, 하지만 타오는 훌륭하게 해낼 거야.
자, 그럼 다음에 만날 때까지 안녕!"
황제는 용을 타고 그림 속으로 사라졌어요.
타오는 하품을 크게 하고는 다시 잠자리에 들었지요.

다음 날 아침, 타오는 늦잠을 자고 말았어요.
지난밤에 있었던 일은 꿈이었던 걸까요?
타오는 부랴부랴 *치파오를 입고는 할머니께 세배를 드렸지요.
바깥에서 '둥둥둥' 북소리가 울려 퍼지네요.
사자춤 공연이 시작되었어요.
타오는 사자를 졸졸 따라다니며 즐거운 춘절을 보냈답니다.
용을 탄 황제도 어디에선가 사자춤을 보고 있겠죠?

여기는 중국!

정식 명칭	중화 인민 공화국
위치	아시아 동부
면적	약 959만 6천km^2
수도	베이징
인구	약 13억 5,569만 명
언어	중국어
나라꽃	모란

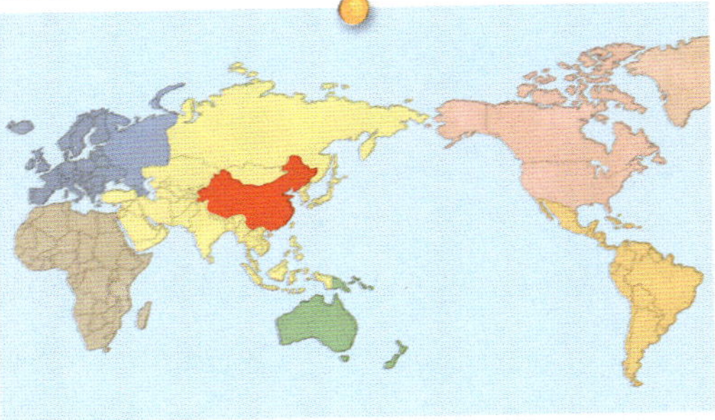

중국은 세계에서 네 번째로 땅이 넓은 나라야. 몽골, 인도, 러시아 등 14개 나라와 국경을 마주하고 있지.

베이징

중국의 수도야. 정치, 교육, 문화의 중심지이지. 2008년 올림픽이 개최되기도 했어. 중국이 세워지기 훨씬 전부터 수도였어. 그래서 유적지가 많아.

황허 강

쿤룬 산맥에서 시작해 황해로 흘러드는 긴 강이야. 길이가 무려 5,464킬로미터나 되지. 황허 강 유역은 땅이 비옥하고 물이 많아 농사가 잘돼. 그래서 중국의 고대 문명이 이곳에서 일어났지.

상하이

중국 제2의 도시야. 국제화와 현대화가 이루어진 대도시로 경제의 중심지이기도 해. 여러 나라의 영사관이 있고, 우리나라가 일본의 식민 지배를 받을 때 독립 운동가들이 임시 정부를 세운 곳도 바로 상하이야.

황제가 살던 나라

중국은 오랫동안 황제가 다스렸던 나라야. 중국 사람들은 중국이 주변 나라들보다 훨씬 강하고 크다고 믿었기 때문에 왕이라는 말 대신 황제라는 호칭을 썼어. 지금도 중국에는 황제가 살았던 흔적이 곳곳에 남아 있어.

황제가 살던 궁전_자금성

자금성은 명나라와 청나라 때 황제들이 머무르던 궁전이야. 지붕은 황제의 색깔인 황금색이고, 담벼락은 붉은색으로 칠해져 있어. 붉은색이 복을 불러온다고 믿기 때문이야. 세계에서 가장 큰 궁전이기도 해. 성안에는 9천 개가 넘는 방이 있지.

正大光明

자금성 안의 방_건청궁

건청궁은 황제들이 나랏일을 보면서 생활하던 곳이야. 나랏일이 끝나면 이곳에서 잠을 자고 쉬기도 했어. 청나라의 황제들은 암살자를 피하기 위해 27개의 방을 만들어 두고 매일 밤 이 방 저 방 옮겨 가며 잤다고 해.

정대광명이라는
현판 뒤에 다음 왕이
될 사람의 이름이
숨겨져 있어.

최초의 통일 제국을 세운 황제_진시황

진시황은 처음으로 중국을 통일한 황제야. 중국을 강력한 나라로 만들기 위해 애썼어. 죽어서도 황제의 위엄을 높이려고 큰 무덤과 무덤을 지킬 병사들이 있는 병마용 갱을 만들었지. 병마용 갱에는 흙으로 만든 수많은 병사와 말이 있어.

이런 게 궁금해요!

중국에서 설날에 가족끼리 모여 만두를 빚는 걸 보면 우리와 문화가 비슷한 데가 있어. 하지만 다른 점도 많아. 경극은 무엇일까, 무술은 어떤 걸까? 궁금한 것들을 알아보자.

중국 사람들은 어떤 무술을 해?

중국 사람들은 건강을 지키고 마음을 단련하기 위해 옛날부터 무술을 익혀 왔어. 태극권, 소림권, 쿵푸 등 종류도 다양하지. 이른 아침에 공원에 가면 사람들이 모여 태극권을 수련하는 모습을 볼 수 있어.

만리장성은 얼마나 길어?

만리장성은 진시황이 북쪽의 유목민이 쳐들어오지 못하도록 막기 위해 쌓기 시작했대. 그 후로 여러 왕이 계속 연결하고 쌓아서 지금의 모양이 완성되었지. 길이가 1만 리가 넘어서 만리장성이라고 해. 세계에서 가장 긴 성벽이야.

중국 사람들은 왜 용을 좋아할까?

오랜 옛날 중국 사람들은 용이 비와 바람을 다스린다고 믿었어. 또 사람들에게 복을 주고, 나쁜 일을 막아 준다고 생각했지. 그래서 중국에는 강과 산, 사람의 이름에 '용' 자가 들어가는 경우가 많아. 옷이나 그릇, 건물에 용을 그려 넣기도 해.

중국에도 설날이 있어?

중국의 가장 큰 명절은 음력 1월 1일인 춘절이야. 중국 사람들은 춘절 아침이면 폭죽을 터뜨려. 집 안에 있는 나쁜 귀신을 쫓아낸다는 의미래. 복이 들어오기를 바라는 마음으로 잉어 모양의 그림을 걸어 놓고 거리에서 사자춤이나 용춤을 추면서 새해를 즐기지.

경극은 뭐야?

경극은 중국의 대표적인 전통 연극이야. 노래와 춤, 무술, 곡예가 합쳐진 연극이지. 주로 역사 이야기를 하는데, 경극 배우들은 맡은 역할에 따라 얼굴에 칠하는 색이 달라. 주인공은 중국 사람들이 가장 좋아하는 붉은 색을 칠한대.

일러두기

1. 맞춤법, 띄어쓰기는 국립국어원에서 펴낸 〈표준국어대사전〉을 기준으로 삼았습니다.
2. 외국 인명, 지명은 국립국어원의 〈외래어 표기 용례집〉을 따랐습니다.

사진제공
토픽이미지, 유로크레온, 연합뉴스, Gettyimages, Imagekorea, 몽골문화촌

재미있는 누리 세계문화

아시아

01 중국 | 황제를 만난 타오
02 일본 | 요코의 화과자
03 베트남 | 할아버지는 어디 계실까?
04 태국 | 무아이타이 고수를 찾아라
05 필리핀 | 차코의 소원
06 인도네시아 | 엄마와 함께 바롱 댄스를
07 몽골 | 게르에서 살까?
08 네팔 | 정말 예티일까?
09 인도 | 하누만, 소원을 들어주세요
10 사우디아라비아 | 지금은 라마단
11 터키 | 할아버지의 마법 양탄자

유럽

12 영국 | 앨리스와 스펜서 백작
13 프랑스 | 소원을 들어주는 빵
14 네덜란드 | 여왕님의 생일 선물
15 독일 | 우리는 동화 마을 방위대
16 스위스 | 납치된 가족은 누구?
17 이탈리아 | 가방이 바뀌었어
18 그리스 | 주문을 외워 봐
19 에스파냐 | 엉뚱 할아버지의 집은 어디?
20 스웨덴 | 삐삐와 바이킹 소년
21 덴마크 | 레고랜드로 간 삼촌
22 러시아 | 나타샤의 꿈
23 체코 | 슈퍼맨 마리오네트
24 루마니아 | 도둑을 잡으러 간 소린

아메리카

25 미국 | 플루토 스팟을 찾아가요
26 캐나다 | 퍼레이드가 좋아
27 멕시코 | 사라진 태양의 왕국
28 쿠바 | 말랭이 영감 다리 나았네
29 브라질 | 삼촌의 선물
30 페루 | 고마워요, 대장 콘도르
31 칠레 | 펭귄을 데려다 주자

아프리카

32 이집트 | 파라오의 마음이 궁금해
33 나이지리아 | 힘차게 달려라, 나이지리아
34 케냐 | 마타타의 신나는 사파리 여행
35 남아프리카 공화국 | 루시와 마누는 친구

오세아니아

36 오스트레일리아 | 오페라 하우스를 그려 봐
37 뉴질랜드 | 하우, 너라면 할 수 있어
38 투발루 | 간장 아가씨, 바닷물을 조심해요

주제권

39 화폐 | 돈조아 임금님의 퀴즈
40 다문화 | 달라도 괜찮아
41 옷 | 외계인 빠송 옷 구경 왔네
42 신발 | 클로그를 신을까, 바부슈를 신을까?
43 음식 | 황금 포크는 내 거야
44 스포츠 | 뚱아 덕아 운동 좀 하자
45 괴물 | 유치원에 괴물이 나타났어요

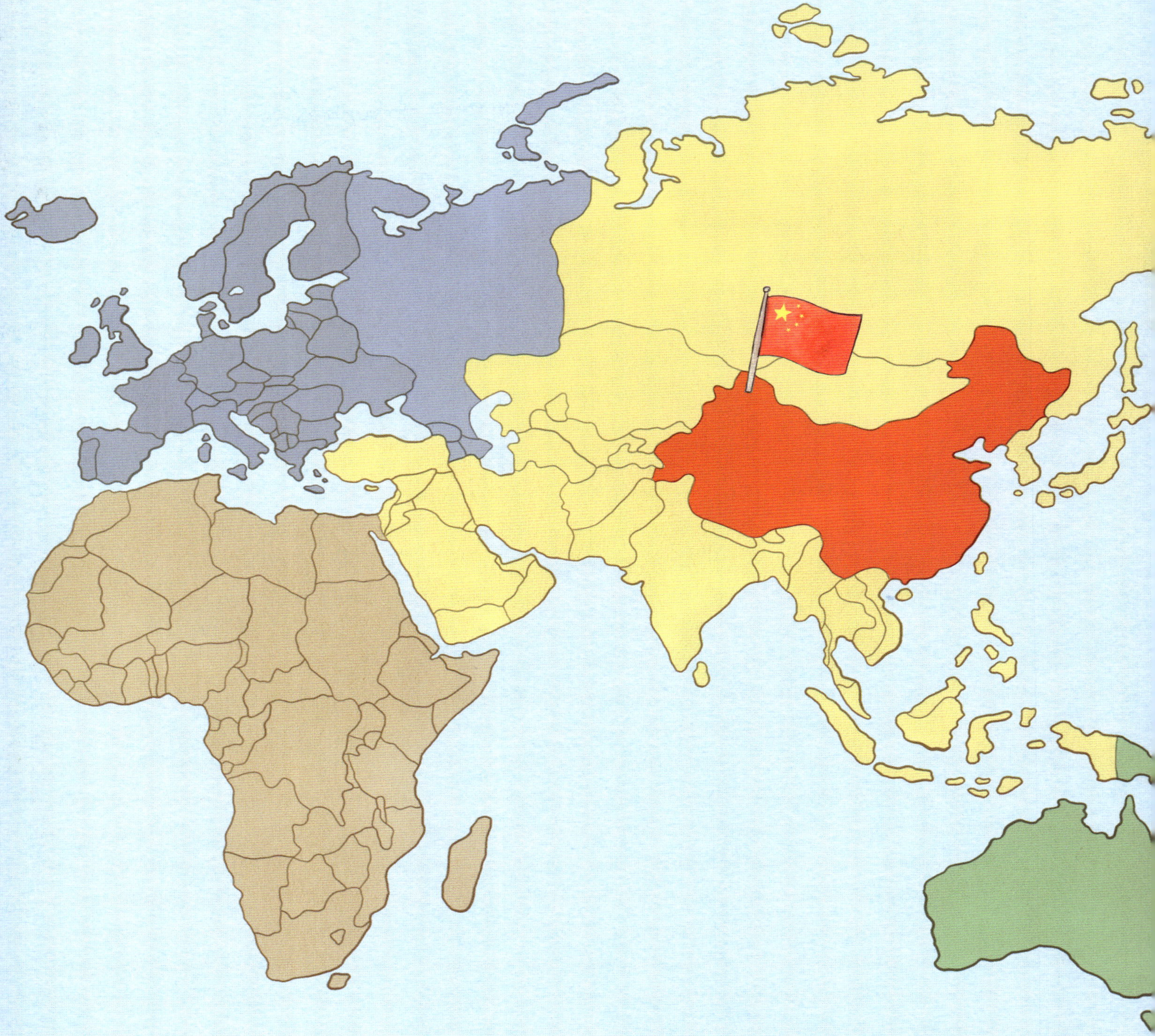